JN140935

みそさえあれば。

手早くてシンプル
まいにちおいしい
みそ汁、みそおかず75品

小島喜和

はじめに

たとえば、長い旅行から帰ってきたとき、まっ先に家のみそ汁を飲みたくなりませんか？　さんざん珍しいものを食べてきたのに、疲れた体と心を癒してくれるのは、一杯のみそ汁。なんだかとても不思議な気がします。私たち日本人のＤＮＡに「みそのおいしさ」が刻み込まれているのかもしれません。

私がみそのすばらしさに気づいたのは、10数年前、東京都内で唯一、自家製の麹《こうじ》（糀）からみそ造りをしているみそ蔵を訪ねて話を聞き、自分でもみそが仕込める、と知ったことからです。生麹と無農薬無肥料の大豆、海水塩というシンプルな材料で仕込んだ、はじめての「手前みそ」は、驚くほどおいしくでき上がりました。

みそは、1月に仕込めば、早くて9月の終わりには食べられます。最初の年は、キッチンのシンクの下に、翌年の3月までおいてから食べ始めました。翌年からは、2年くらい寝かせてもみました。みそは、寝かせている間に熟成が進み、色が濃くなって、まろやかな香りがしてきます。これが発酵の力なのだと実感しました。

みその消費量が年々減るなか、発酵食ブームが起こり、20代、30代の若い方たちにも興味をもってもらう機会が増えています。みそ蔵を訪ねて、直接みそを購入する方も多いそうです。そして、みそ汁の具はどんなものがいいのか、みそ汁以外のみそ料理の作り方を教えてほしい、という質問が絶えないとも聞きました。みそ屋さんとのそんな話がきっかけで、本書を企画しました。

基本的なみそ料理のほかに、みそにはいくつかの種類があり、それぞれの特徴を生かせば、料理の幅が広がること、みそとほかの調味料を合わせれば、新しい味覚が生れることなども織り込みました。

みそのいろいろな使い方を知り、毎日おいしい食卓を整えてほしい。子どものころからおいしいみそを食べる家庭に育ってほしい。大人になってその味を次の世代につなげていってほしい。そんな願いを一冊の本に込めました。

みそのあるごはん作りに役立てていただければ、幸いです。

小島　喜和

目次

4章 毎日食べたい 定番みそ料理

5章 みそ＋αで いろいろアレンジ

本書の表記について

・大さじ1は15㎖、小さじ1は5㎖です。
・火加減は、とくに表記がない場合は、中火で調理してください。
・みそは、とくに表記がない場合は、好みのみそを使ってください。ただし、みそによって塩分濃度が違うので、味をみて調整してください。甘味も同様です。

1章
一汁一菜のかなめ
みそ汁

武士の時代、みそを溶いて汁にするという方法が生まれて以来、日本人の食事は、ごはんとみそ汁に魚の干物などを加えた「一汁一菜」が食事の基本形となりました。

みそ汁は具を入れることで栄養がアップ。味も豊かになります。ここでは、日によって選べるよう、シンプルな具からリッチな具までをご紹介します。

ほっとするシンプルみそ汁

食卓についたら、まずは、みそ汁をひと口。ほっとする瞬間ですね。具は、冷蔵庫にある買いおきの材料で十分。下に挙げた基本の具を組み合わせて、毎日食べても飽きないみそ汁を作りましょう。さらに、おすすめの野菜の具もご紹介。みそは、お好みのものを使ってください。

基本の具

わかめ

野菜や豆腐に足して味に変化を。ミネラルも補給できるお助け食材。

長ねぎ

ぴりっとした辛みがみその旨味を引き立て、ほかの具とも相性よし。

豆腐

どんなみそともよく合い、やさしい食感。誰もが好きな定番の具。

大根

煮ると甘味が出て、みその風味とマッチ。火が通りやすい切り方を。

油揚げ

油のコクがみそ汁に溶け込んで、ほかの食材の旨味もぐんとアップ。

豆腐とわかめ

相性抜群。のど越しがよく
みその風味が口に広がります

材料（2人分）
豆腐　1/3 丁
塩蔵わかめ　6g
出汁　360㎖
みそ　大さじ1と 1/2

作り方

1　豆腐は大きめのさいの目に切り、塩蔵わかめは水で洗って戻し、2～3 cm 長さに切る。

2　鍋に出汁を入れて沸かし、豆腐を入れ、再びふつふつと沸いてきたら、みそを溶き入れる。最後にわかめを入れ、温まったら火を止める。

みそはみそ濾し器に入れ、菜箸を細かく動かして溶く。こうすると素早くきれいに溶ける。

もやしとにら

個性的な味と香りが新鮮
にらは最後に入れて

材料（2人分）

もやし　1/4袋
にら　1/3束
出汁　360mℓ
みそ　大さじ1と1/2

作り方

1　もやしは洗って、ひげ根を取る。にらは食べやすい長さに切る。

2　鍋に出汁を入れて沸かし、もやしを入れてさっと火を通す。みそを溶き入れ、再び沸いてきたら、にらを入れて火を止める。

キャベツとオクラ

煮込まないで
食感を残すのがコツ

材料（2人分）

キャベツ　1枚
オクラ　2本
出汁　360㎖
みそ　大さじ1と1/2

作り方

1　キャベツは食べやすい大きさに切り、オクラは小口に切る。

2　鍋に出汁を沸かし、キャベツを入れてさっと火を通す。みそを溶き入れ、再び沸いてきたら、オクラを入れて火を止める。

えのきと万能ねぎ

旨味たっぷりのえのきに
ねぎで味のアクセントを

材料（2人分）

えのき　1/3袋
万能ねぎ　3本
出汁　360㎖
みそ　大さじ1と1/2

作り方

1　えのきは石づきの部分を切り落とし、食べやすい長さに切る。万能ねぎはえのきと長さをそろえて切る。

2　鍋に出汁を沸かし、えのきを入れてさっと火を通す。みそを溶き入れ、再び沸いてきたら万能ねぎを入れて火を止める。

豆みそで！

色が濃く、濃厚な香りや旨味、酸味のある豆みそは、しじみや豆腐、なめこと好相性。みその量は控えめにして、さっぱり仕上げます。

しじみと三つ葉

みそのコクとしじみの旨味が混ざり合い、奥深い味わいに

材料（2人分）
しじみ　20個
三つ葉の茎　2本分
出汁　　360㎖
豆みそ（八丁みそ）　大さじ1

作り方

1　しじみは砂抜きをしておく。三つ葉の茎は1cm長さに切る。

2　鍋に出汁としじみを入れて沸かし、しじみの口が開いてきたらみそを溶き入れる。再び沸いてきたら三つ葉の茎を散らして火を止める。

しじみは薄い塩水に2～3時間浸け、砂を吐かせておく。ざるに上げ、軽く水洗いして使う。

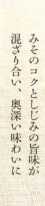

なめこと豆腐

濃厚な風味に、とろみと
まろやかな食感をプラス

材料（2人分）

なめこ　1/2袋
絹ごし豆腐　1/4丁
出汁　360㎖
豆みそ（八丁みそ）　大さじ1
万能ねぎ　2本

作り方

1 なめこはざるに入れてさっと洗い、水けをきる。豆腐はさいの目に切る。

2 鍋に出汁を沸かし、なめこと豆腐を入れる。ふつふつとしてきたらみそを溶き入れ、再び沸いてきたら万能ねぎの小口切りを入れ、火を止める。

豆みそはかためなので、みそ濾し器を使って、ていねいに溶き、ダマが残らないようにする。

白みそで！

色が薄く、甘味の強い白みそは、具材の色が映えてきれい。みその量を多めにして煮詰め、とろりとさせるのがおいしさの秘訣です。

車麩としいたけ

弾力のある車麩に、白みその濃厚な旨味を吸わせます

材料（2人分）

車麩　2枚
しいたけ　1個
出汁　500mℓ
白みそ　100g
三つ葉の葉　少々
溶きがらし　少々

作り方

1 車麩はぬるま湯に浸けて戻し、さっと熱湯をくぐらせ（湯通し）、水けを絞る。しいたけは軸を切って薄切りにし、さっと湯通しする。

2 鍋に出汁を入れて沸かし、白みそを溶き入れ、ふつふつとする程度の弱火で数分煮詰める。車麩を入れて温まったら火を止め、しいたけとともに器に盛り、三つ葉と溶きがらしを添える。

白みそのみそ汁は、とろっとするくらいまで煮詰めると、特有な甘みと食感が楽しめる。

豚肉とにんじん

豚肉の脂でコクを出せば
甘味がさらに引き立ちます

麦みそで！

麦麹で造る、まろやかな甘味の麦みそは、豚肉との相性がよく、旨味がアップ。野菜の甘味ともよく合って、やさしい食感が楽しめます。

材料（2人分）

豚バラ薄切り肉　50g
長ねぎ　1/3本
にんじん　1/4本
出汁　400mℓ
麦みそ　大さじ2
ごま油　少々

作り方

1. 豚肉は1cm幅くらいに切り、長ねぎは1cm幅の輪切りに、にんじんは小口の薄切り、または太ければいちょう切りにする。
2. 鍋にごま油を入れて熱し、1を入れて炒め、全体に油を回す。出汁を入れて沸騰させ、具に火を通す。途中でアクが浮いてきたら取る。
3. 麦みそを溶き入れる。

まず、豚肉と野菜を出汁で煮て旨味を引き出す。この段階でアクを取り、雑味のないみそ汁に。

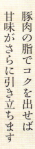

おかずみそ汁

みそ汁を具だくさんにすれば、立派なおかずになります。たんぱく源の豆腐や肉に複数の野菜を加えて、栄養バランスのよい一品に。

厚揚げと豆苗、長ねぎ

食べ応えのある厚揚げに
歯ざわりのよい野菜を合わせて

材料（２人分）

厚揚げ　1/3 枚
豆苗　1/3 袋
長ねぎ　1/2 本
出汁　400mℓ
みそ　大さじ2

作り方

1. 厚揚げはざっと湯通しするか、熱湯をかけて油抜きし、一口大に切る。
2. 豆苗は豆のついた部分を切り落とし、食べやすい長さに切る。長ねぎは斜め小口に切る。
3. 鍋に出汁を入れて沸かし、1と2を入れる。再び沸いてきたらみそを溶き入れて、火を止める。

じゃがいもと玉ねぎ、鶏肉

根菜でボリュームを出し
鶏むね肉でおかずっぽくします

作り方

1 じゃがいもは大きめのさいの目に切り、かためにゆでる。玉ねぎはせん切りにし、鶏肉は一口大に切り、さっと湯通しする。

2 鍋に出汁を入れて沸かし、1を入れて、ふつふつする程度の火加減で煮る。具に火が通ったらみそを溶き入れて、火を止める。

材料（2人分）

じゃがいも　1個
玉ねぎ　1/2個
鶏むね肉　50g
出汁　400㎖
みそ　大さじ2

豚肉とさつまいも、長ねぎ

いもの甘味を生かして豚汁に
多めの出汁でよく煮ます

作り方

1 豚肉は1cm幅に切る。さつまいもはいちょう切りにし、水洗いして水けをきる。長ねぎは斜め小口に切る。

2 鍋に出汁を入れて沸かし、1を入れて、ふつふつする程度の火加減で煮る。みそを溶き入れて、火を止める。

材料（2人分）

豚バラ薄切り肉　50g
さつまいも　60g
長ねぎ　1/3本
出汁　400㎖
みそ　大さじ2

けんちんみそ汁

炒めた根菜に豆腐を加えた
旨味たっぷり、大満足のみそ汁

作り方

1　大根、にんじんはいちょう切りに、里いもは一口大に切る。ごぼうは１cm 幅に切って酢水に放す。長ねぎも１cm 幅のぶつ切りにし、こんにゃくは一口大の薄切りにして湯通しする。

2　豆腐はペーパータオルなどに包んで水けをきる。

3　鍋にごま油を熱し、里いもを炒める。里いもの端が少し透き通ってきたら、ごぼう、にんじん、こんにゃく、大根、長ねぎを順に入れて、そのつどよく炒める。

4　３に出汁を入れて温め、アクが出たら取る。里いもがやわらかくなったら豆腐をちぎりながら入れ、みそを溶き入れる。豆腐が温まったら火を止める。

材料（２人分）

大根　２cm
にんじん　1/4 本
里いも　１個
ごぼう　1/4 本
長ねぎ　1/4 本
こんにゃく　1/4 枚
木綿豆腐　1/4 丁
出汁　400㎖
みそ　大さじ２
ごま油　大さじ１

みそ汁のおいしい出汁の取り方

煮干しで

（水2カップ、煮干し10〜15g）

煮干しは、かたくちいわしなどの小魚を乾燥させたもの。苦味のある頭と腹ワタを取り除いて煮出すと、濃厚な旨味が出ます。関西から西の地域でよく使われ、煮ものにも適しています。

❶煮干しの頭を取る。指で腹を背側に向かって押し、2つに割って腹ワタを取り除く。

❷鍋に水と煮干しを入れて、1〜2時間おく。冷蔵庫にひと晩入れておいてもよい。

❸中火にかけ、沸騰したら弱火にして5分ほど煮る。アクが出てきたらすくい取る。

❹濾しざる（またはキッチンタオルなどをざるに重ねる）に③を注ぎ、濾す。

昆布とかつお節で

（水2カップ、昆布3g、削りかつお節10g）

昆布の旨味成分グルタミン酸に、かつお節のイノシン酸が加わっておいしさ倍増。昆布は煮立つ直前に取り出し、かつお節はひと煮立ちしたらすぐに火を止めると、臭みのない澄んだ出汁が取れます。

❶鍋に昆布を入れて、1～2時間浸けておく。冷蔵庫にひと晩入れておいてもよい。

❷弱火にかけて昆布を煮出す。プツプツと気泡が出てきたら昆布を取り出し、そのまま沸かす。

❸沸騰したらかつお節を入れ、すぐに火を止めて1～2分おく。

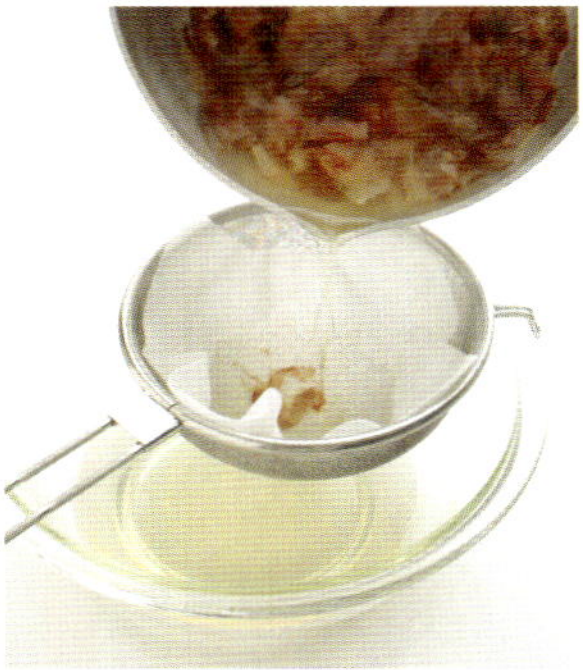

❹濾しざる（またはキッチンタオルなどをざるに重ねる）に③を注ぎ、濾す。

ごちそうみそ汁

少しだけ下ごしらえに手をかけて、おもてなし用のみそ汁を作ってみませんか？　白みそ仕立てなら、ハレの日に最適です。

よもぎ生麩とさつまいも

もちっとした食感＋甘味で
お雑煮のような贅沢な汁ものに

材料（2人分）

よもぎ生麩　1本
さつまいも　1/2本
片栗粉・サラダ油　各適量
出汁　400㎖
白みそ　80g

作り方

1　さつまいもは皮をむいて1cm幅に切り、水から入れて、竹串を刺してスーッと通るくらいまでゆでる。

2　よもぎ生麩は4等分に切って両面に薄く片栗粉をまぶし、油を薄く引いて熱したフライパンで両面を焼く。

3　鍋に出汁を入れて沸かし、白みそを溶き入れて、ふつふつとする程度の弱火で数分煮詰める。よもぎ生麩とさつまいもを入れて、温まったら火を止める。

生麩は表面を軽く焼いておくと、みそ汁に入れたとき、とろけずに形が保てる。

つみれと三つ葉

青魚のつみれから出る旨味が
汁に溶け出して、驚くほど美味

作り方

1 あじは3枚におろし、皮をむいてからぶつ切りにし、包丁で叩く。Aのみそと長ねぎのみじん切りを加え、さらに叩いて全体をなじませる。

2 鍋に出汁を沸かし、1を一口大に丸めて入れ、酒を加えて沸騰させる。弱火で数分煮て、あじに火を通す。

3 みそを溶き入れ、三つ葉を入れて火を止める。

材料（2人分）

あじ　1尾

A　みそ　小さじ1/2
　長ねぎのみじん切り　1cm分

出汁　360mℓ

酒　小さじ2

みそ　大さじ1と1/2

三つ葉　2本

あじは、最初にぶつ切りにしておいてから包丁で細かく叩くと、なめらかなつみれになる。

えびの湯葉巻き

からっと揚げたゆばの衣が
白みそに合う、懐石風のお椀

作り方

1 えびは背ワタを取り、腹のほうに切り目を入れて丸まらないようにし、酒少々をふりかける。

2 乾燥湯葉は水に浸して戻し、水けをふき取る。青菜は熱湯でゆでて水に取り、水けを絞る。

3 湯葉を半分に切り、えびを1尾ずつ包む。薄く片栗粉をつけて、高温（180度）の油でさっと揚げる。

4 鍋に出汁を入れて沸かし、白みそを溶き入れて、ふつふつとする程度の弱火で数分煮詰める。

5 熱いうちに3を半分に切って器に盛り、4を入れて、青菜を添える。

材料（2人分）

えび（ブラックタイガーなど）
　大2尾
酒　少々
乾燥湯葉　1枚
青菜（小松菜など）　少々
片栗粉　適量
出汁　400mℓ
白みそ　70g
揚げ油　適量

こんなにスゴイ！みその実力

■原料

みその原料は、米みそ、麦みそ、豆みそによって少し異なります。米みその場合は、大豆、米麹、塩の3つ。麦みそは、米麹の代わりに麦麹を使うもので、麦麹だけを熟成させてみそにする場合もありますが、多くは麦麹に大豆を加えて発酵させます。豆みそは、米や麦を用いず、大豆そのものを麹化させて造ります。

したがって、みその主な原料は大豆であり、大豆の特性がみその性質や食感、風味、栄養を決定づけている、と言えます。そして、大豆に加える塩の割合と麹の割合、麹の種類によって、味や風味に違いが生じてきます。

■栄養

みその主原料である大豆は良質のたんぱく質を多くんでおり、たんぱく質は体内で分解されて、一部はアミノ酸になります。さらに、発酵によってもアミノ酸やビタミンが多量に生成され、結果的にみそには、生命を維持するのに欠かせない9種の必須アミノ酸が含まれることになります。

ほかにも、免疫力の低下を防ぐ大豆レシチン、抗酸化作用のあるポリフェノール（大豆イソフラボン）、ビタミンE、ビタミンB群、カリウム、カルシウムなどが含まれ、食物繊維も豊富です。発酵・熟成させることで、消化吸収力が向上するため、これらの栄養が摂りやすくなります。

健康効果

みそは1000年以上も昔から、私たち日本人の健康を守り、命を支えてきました。

「みそは生きるために不可欠なもの」という認識が広まったのは、武士の時代に入ってから。戦場に携帯する栄養豊富な食糧として重宝され、その後、庶民の生活に浸透していきました。

江戸時代には、「医者に金を払うよりも、みそ屋に払え」ということわざが生まれるほど、人々は経験的に、「みそは健康のための栄養が摂れる大事なもの」と考えるようになったのです。

現在では、みそと健康について多角的な研究が行われており、論文も多く発表されるなど、みその機能性が明らかになってきています。

その一つが、がんの予防です。乳がんに関しては、「一日3杯以上のみそ汁を飲むと、乳がんの発生率が40%軽減される」という調査結果があります。また、「みそ汁を飲む頻度が高い人ほど、胃がんによる死亡率が低い」という報告もあり、みそ汁の効能が見直されています。

一時、みそ汁の塩分濃度が問題視されたことがありましたが、「同じ食塩量でも、みそからの摂取は30%の減塩効果がある」という論文が発表され、今はむしろ、みそ汁の減塩効果に注目が集まっています。さらに、みそ汁に入れる野菜やいも類、わかめにはカリウムやマグネシウムが多く含まれ、これらの成分が余分な塩分を体外に排出する働きをしてくれます。

みそは血中コレステロールの上昇を抑える効果があり、生活習慣病を予防します。また、アンチエイジングにも最適です。発酵することによって老化制御機能が高まり、同時に、抗酸化力を発揮する物質も生じるため、細胞の老化を防ぎます。つまりは、みそを毎日の食事に取り入れることが、健康生活の第一歩なのです。

みそが 万能調味料であるわけ

みそには、大豆と麹が醸し出す独特の旨味があります。大豆のたんぱく質には、必須アミノ酸を含む20種類以上のアミノ酸が含まれており、このアミノ酸が旨味の基を作っています。そこに麹がプラスされると、発酵という現象が起き、複雑な旨味と風味のあるみそになるのです。

麹について、もう少し詳しく見ていきましょう。麹は、米、麦、大豆などに麹菌と呼ばれる微生物を繁殖させたもの。米の場合は「糀」とも書きます。この麹菌は日本にしか生息していない日本固有の菌で、しょうゆや日本酒を造るときにも用いられます。微生物というと、カビやバイ菌のように体に有害なイメージがありますが、麹菌は毒を産生しない、体に有用な菌です。

この麹菌が大豆の持っている旨味成分を引き出し、米麹や麦麹が持っている独特の甘味も引き出してくれます。さらに、発酵には塩の力が必要ですから、旨味と甘味と塩味がブレンドされた、風味豊かなみそができるのです。

旨味、甘味、塩味が同時に得られる、ということは、調味料として万能だということです。みそだけでも十分に複雑な味を出すことができますが、もっと甘くしたいときには、砂糖やみりんを加えたり、酢で伸ばして酸味のある和え衣にしたり。ほかの調味料の手を借りることで、いっそう奥行きのある味になります。

野菜、肉、魚など、どんな食材とも相性がよく、どんな調理法でもおいしく食べられるのも、みそのメリット。煮ものにすればまろやかなコクがつき、野菜や魚につけて焼けば、香ばしい匂いが広がります。そのまま生でも食べられるし、煎ったちりめんじゃこやひき肉を加えた「おかずみそ」は、常備食の役割も果たします。みそを使いこなして、豊かな食卓をめざしましょう。

みそは アレンジ力抜群

みそは万能調味料であり、また、ほかの調味料や食材との相性がよいため、和食のみならず、洋食や中華に、エスニック料理にと、変幻自在の応用力を持っています。

本書の5章では、みそに別の食材を足すことで、コクや風味をアップさせ、ひと味違うおいしさに仕上げるためのレシピをご紹介。たとえば、みそとチーズという和洋2つの発酵食品を一緒に焼いたり、ホワイトソースにみそを加えて、コクのある味にしたり。意外なおいしさが発見できます。

また、みそに豆板醤《トウバンジャン》や中華スープを加えるだけで、たちまち中華風の味つけに。甜麺醤《テンメンジャン》や市販の合わせ調味料がなくても、手持ちのみそでアレンジ可能というわけです。

みそにドレッシングやマヨネーズを混ぜる方法は、すでにご存じかと思いますが、もうひと捻りして、にんにくや卵黄を加えてみれば、まったく新しい味のソースに。サラダ料理の幅がぐんと広がります。

みそはまた、辛口みそ、白みそ、麦みそ、豆みそと、みその種類によっても味や風味が違います。みそは子どものころから食べ慣れたものを使いがちですが、みその特性を知って、料理によって使い分けると、よりグレードの高いみそ料理が楽しめます。たとえば、やさしい味の和えものにしたいなら、甘味があってなめらかな白みそを、やや酸味のあるさっぱりとしたみそ汁を飲みたいなら、豆みそを使ってみる、などと。

同じ料理でも、みその種類を変えて作ってみると、違うおいしさが味わえます。本書では例として、風呂吹き大根を白みそ、辛口みそ、八丁みそ（豆みそ）の3種類で味わってみることを提案。日本の風土に育まれたみその奥深さを知り、毎日の料理に生かしてほしいと思います。

2章

ソウルフード みその歴史と種類

すぐれた発酵食品であるみそは古い歴史があり、地方によって特徴のあるみそが造られてきました。いろいろなみそがあることを知れば、興味がわいてきませんか？ みそ蔵探訪レポートも、合わせてごらんください。

みそのルーツと歴史

みそは、6世紀半ばに仏教とともに伝来した中国の「醤《ひしお》」という、肉や魚、大豆などを塩蔵して熟成させたものが原型だと言われています。一方、日本でも縄文時代にはすでに、醤のようなものが存在したことがわかっています。どちらにせよ、みそは醤から発展し、日本独自の風土に育まれて、今日のような形になったことには違いありません。おそらく、熟成途中の「未醤《みしょう》」を食べてみたらとてもおいしく、そのままおかずにしたり、何かにつけて食べたりしているうちに、「みしょう」が転じて、「みそ」と呼ばれるようになったのでしょう。

平安時代には、みそには滋養があることが知られており、具合が悪いときの薬としても用いられました。粒々のみそをすって「すりみそ」を作り、みそ汁に入れたのは鎌倉時代から。すりつぶすと水に溶けやすいことがわかったのです。そのころに、みそ汁を中心にした「一汁一菜」という武士の食事スタイルが確立され、今日まで引き継がれています。

室町時代になると、みそとみそ汁は庶民の間にも広まり、大豆の生産量も増えて、各家庭でみそ造りを始めます。そして戦国時代には、合戦の兵糧としてみそが携帯されました。また、戦国武将が地元でのみそ造りを奨励したことから、仙台みそや信州みそなどが生まれました。

江戸時代には現代と同じように、みそが毎日の食事に大いに利用され、いろいろなみそ料理が工夫されるようになりました。人口の多い江戸では、江戸近郊の生産量ではまかないされず、三河岡崎の三州みそ、仙台みそなどが江戸に運ばれ、みそ屋が大繁盛したそうです。

今では、日本全国それぞれの地域で、異なる原料や気候風土を背景にした、さまざまな特色を持つみそが「故郷の味」として定着しています。

みその種類

みそは麹の種類によって、「米みそ」、「麦みそ」、「豆みそ」に分けられます。米みそは米麹を、麦みそは麦麹を使って発酵させ、豆みそは大豆を麹化して熟成させます。

米みそはさらに、「甘みそ」、「甘口みそ」、「辛口みそ」の3タイプに分けられます。甘さ、辛さは塩加減によっても違いますが、甘さの決め手となるのは麹の割合。麹が多いほど甘口になります。甘みそは麹の割合が多く、塩は少なめ。辛口みそは塩が多く、麹の割合は少なめ。甘口みそはこの2つの中間だと考えてよく、麹の割合が辛口みそより多くなっています。

白みそは米麹が多く、短期間で熟成するので常温では品質が落ちやすく、冷蔵保存します。代表的な白みそが京都の「西京みそ」です。

辛口みそはもっとも一般的なみそ。醸造期間が長く、大豆の旨味が生かされています。淡色系と赤色系に分けることができ、淡色系の代表が長野県の「信州みそ」、赤色系には「仙台みそ」や秋田みそなどがあります。淡色系も発酵が進むと赤みが強くなります。発酵を止めたいときは、冷蔵庫で保存してください。

みその分類

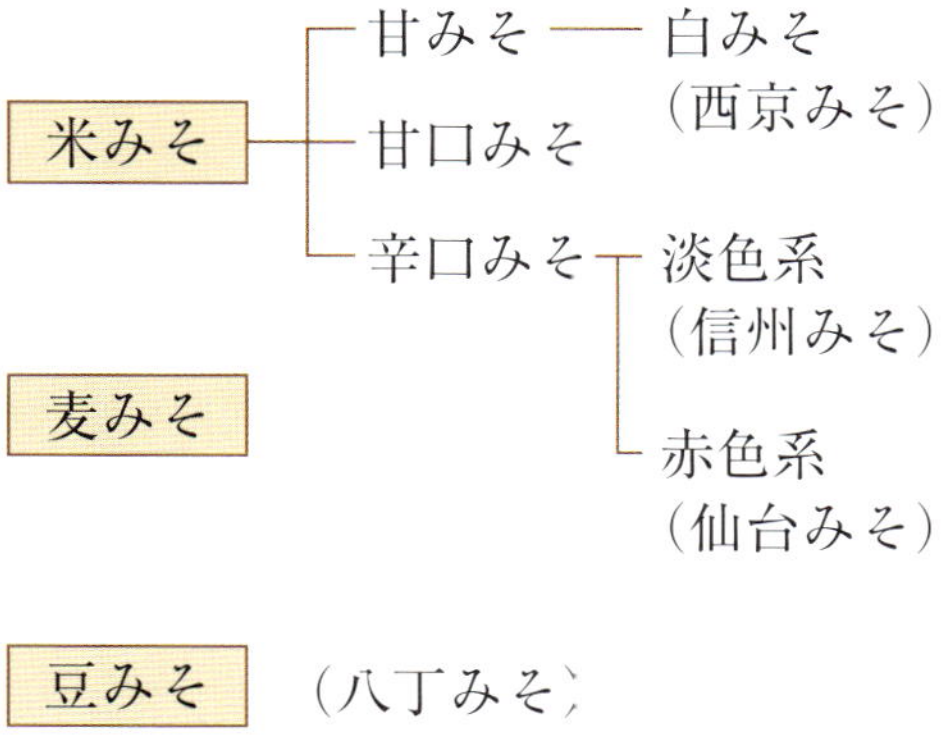

伊達政宗が奨励した仙台みそ

仙台城下から江戸へと進出

　戦国時代、みそは重要な軍事物資でした。激しく体力を消耗する合戦には、塩分とエネルギーが必要であり、これを補うものがみそだったのです。そして、伊達藩の伊達政宗は城下に「御塩噌蔵《おえんそぐら》」というみそ醸造所を作り、兵糧用のみそを製造・保管しました。政宗のみそは豊臣秀吉が朝鮮半島に遠征する際の兵糧として、日持ちの点でも非常に優れており、高い評価を得ました。これが「仙台みそ」の始まりです。

　仙台みその名が広まったのは、仙台の城下町が整備される中でみそが商品化され、仙台藩江戸屋敷にも「御塩噌蔵」が設けられたことから。「仙台みそはうまい」と評判になり、江戸中に流通しました。

長期熟成タイプの辛口みそ

　仙台みそは塩分量が多めの辛口みそ。ちなみに、白みその塩分量は5〜7%、信州みそが10〜12%なのに対して、仙台みそは11〜13%。信州みそとそれほど差はありません。

　塩分量が多いと、熟成はゆっくりと進みます。その分アミノ酸が多く作られ、そのため、大豆のコクと旨味が強く感じられるみそになります。もう一つの特徴が、大豆を蒸煮したあと、粗く砕いて粒みそとする点です。米麹を使い、長期間熟成させているので、辛口でも深みのある味わい。色は赤く、信州みそより濃いめです。

　常温で保存しても変質せず、おいしく食べられますが、袋が膨張することがあるので、冷蔵保存がおすすめです。

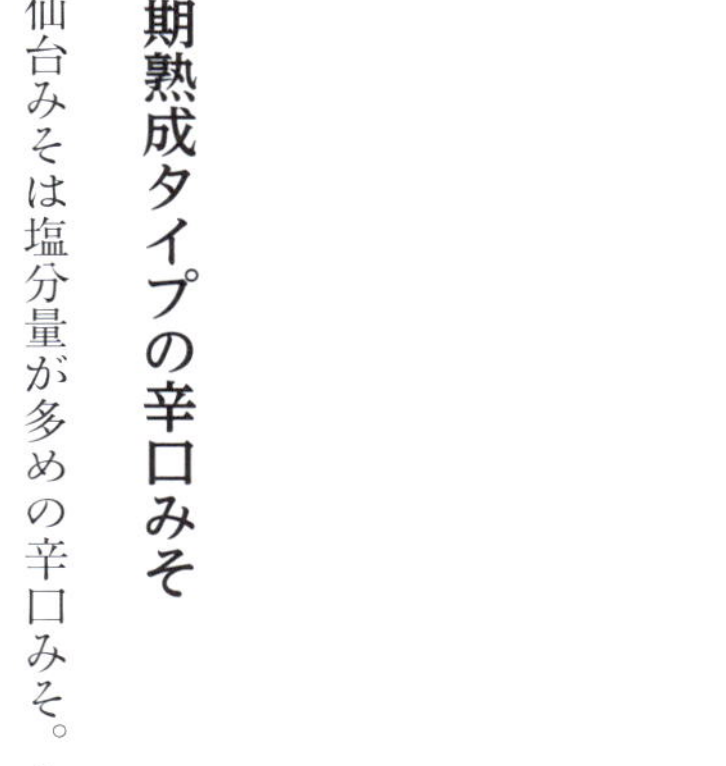

良質の原料が醸し出す信州みそ

日本一の生産量を誇る信州

みそといえば「信州みそ」が思い浮かぶくらいその名が知られており、出荷量は年間約19万トン、流通量のシェアは約46％と、まさに日本一の生産量を誇っています。

信州（長野県）でのみそ造りが盛んになったのは、武田信玄が上杉謙信との戦いに備え、信濃の国（現長野県）の街道筋の農民にみそ造りを発令し、みそを買い取りながら川中島へと進軍したことがきっかけだと言われています。

東京に信州みそが広まったのは、大正12年に起きた関東大震災の救援物資として送られたことが大きかったようです。東京では原料不足のためみそ造りができなかった戦中～戦後にも、信州から良質のみそが届けられました。今も東京では需要の高いみそです。

米麹で造る淡色系米みそ

信州でのみそ産業がこれほど盛んになったのは、信州の気候風土がみそ造りに適していたからです。山に囲まれ、空気が澄み切った自然環境。夏は昼夜の温度差が大きく、ゆっくりと発酵が進み、冬はみその寒仕込みに適した寒さがあります。山間の盆地は、米麹に欠かせない米の栽培地でもあり、山の斜面では良質の大豆が育ちます。山々からの雪解け水は地下に水を貯め、各地できれいな湧き水が得られます。こうした原料と水が信州みそのおいしさを作っています。

信州みそは、仙台みそより少し色が薄い淡色系米みそ。光沢のある冴えた山吹色が良質とされており、クセのないさっぱりとした味わいが、多くの人に好まれています。

みそ蔵探訪①

長野県須坂市
塩屋醸造

みそ玉から造る伝統の味、玉造りみそ

長野県須坂市は「蔵の町並み」が残る歴史ある町。その一角にのれんを出している「塩屋醸造」を訪ねました。もともとは「塩」の商いから始まったため、「塩屋」の名を引き継いでいるそうです。初代から数えて11代目の上原太郎さんに話をうかがいました。

「信州に来る塩の道はいくつかあって、須坂へは、北前船で新潟の直江津に運ばれ、そこから北国街道や千曲川の水運によって塩が届けられました。私どもの先祖が塩を生業としたのは江戸中期で、文化文政のころにみそとしょうゆを製造するようになりました」

敷地内には「木桶仕込味噌蔵」「諸味蔵」「手造り蔵」「穀蔵」「醤油蔵」など9棟の蔵が立ち並び、みそやしょうゆがゆっくりと熟成されて

「蔵の町並み」にある、木造・漆喰壁の建物。木の看板が目印の店舗には、多種類の商品が並ぶ。古い蔵の建物を利用して、コンサートなどのイベントも行われている。左は塩屋11代目、上原太郎さん。

長野県須坂市新町537
TEL 026-245-0029
http://www.shioya.co.jp/
＊ホームページから購入可能

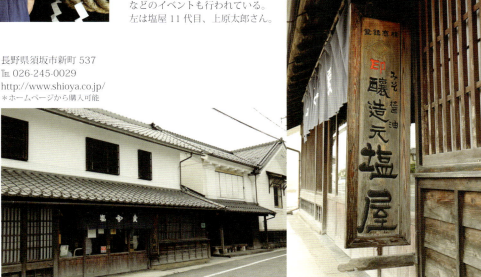

いる様子をイメージさせてくれます。

　塩屋醸造のみそ造りで、最も特徴のあるのが「玉造りみそ」。蒸した大豆でみそ玉を造り、それ自体を発酵させてから、麹と塩を混ぜてみそにする、この地域と塩屋に伝わる伝統的な製法です。

「一般的なみそは、大豆に米麹を加えて発酵させ、米麹が多いほど発酵が進みます。ところが昔は米が貴重品だったため、少ない米麹で発酵させたいというので、大豆に菌を付ける方法が生まれたと言われています」

　大豆を蒸して、円柱状のみそ玉を造り、棚に並べて乾燥させると中は乳酸発酵し、蔵付き菌の働きもあって発酵が進みます。これを細かく砕いて米麹と塩を混ぜて、木桶でじっくりと熟成させればできあがり。やや酸味があって、さっぱりとした風味は、みそ汁に最適です。

(上から)
蒸してつぶした大豆を成形するみそ玉造り。気候のいい4月、5月に行われる。
みそ玉はみそ蔵の棚で2～3週間寝かせ、完全に乾燥させてから細かく砕く。

みそ蔵には、使い込まれた巨大な「三十石桶」が並ぶ。天井が高く、外気の影響を受けにくい。

みそ玉を発酵させて造る「玉造りみそ」。上は、えのきをペースト状にして、みそと一緒に発酵させた「えのきみそ」。

新しい工場では、いろいろなタイプのみそを製造。ちょうど、品評会用の白みその仕込みが行われていました。大型の機械で大豆を蒸し、ミンサーにかけてつぶします。塩と麹を混ぜた「塩切り麹」を投入したり、容器に入れたみその表面をならしたりするのは、人の手。よりよい品質に仕上げるために、試行錯誤を繰り返しています。

１．蒸し上がった大豆はコンベアを通って出てくる。２．大豆は機械を通してミンチ状に。３．塩と麹は混ぜておく。４．２と３を機械で混ぜ、容器へ。５．表面を平らにして仕込み終了。

大豆を20％みがいて仕込んだ白みそ「特別大吟醸みそ とよまさり白」。米麹たっぷりの上品な味。

塩屋醸造
信州みその
おすすめ料理

さば缶とたけのこのみそ汁

信州はさば缶の消費量日本一。さば缶とたけのこを合わせたみそ汁は抜群の味。作り方は、みそを溶いた汁に、さば缶を缶汁ごと入れ、一口大に切ったたけのこを入れて煮るだけ。根曲がり竹や淡竹でもおいしくできます。

おやき（なす、野沢菜）

信州名物おやきの具にも、みそが欠かせません。なかでも、なすや塩抜きした野沢菜漬けを油で炒め、甘めのみそを絡めた具は、昔から親しまれてきました。小麦粉の皮で包んで焼くので腹持ちがよく、軽食にもなります。

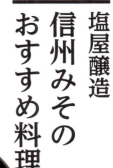

大豆を麹化させて造る 八丁みそ

活力源となった豆みそパワー

　米麹や麦麹を使わず、大豆自体を麹化させる豆みそは、愛知県を中心にした中京地域で造られ、長く親しまれてきました。その代表的なものが「八丁みそ」です。豆みその醸造は、この地域で古くから行われており、戦国時代の兵糧として利用されました。徳川家康が名古屋城を築いたときも、豆みそのみそ汁が力仕事をする人夫たちの活力源となったそうです。

　八丁みそは江戸時代に、愛知県岡崎市の八丁村（現八帖町）で造られていたことから、その名がつきました。八丁村は岡崎城から西へ八丁（約870m）のところにあり、現在は江戸時代初期に創業した2つの蔵元が、伝統的な製法で醸造を続けています。

長期熟成で濃厚な旨味に

　八丁みそは、ほかの豆みそと同様に、大豆と塩のみを原料にします。まず、蒸した大豆を丸めてみそ玉を作り、表面に麹菌をつけて麹室で繁殖させ、「豆麹」を作ります。これに塩と水を加えて、大きな杉桶に仕込み、天然の川石を山のように積み上げて重石をかけ、「二夏二冬」（2年以上）かけて熟成させるのです。

　天然醸造・長期熟成のため、色が濃くてかたいのですが、あまり辛くはありません。濃厚なコクと独特な酸味や渋味がある八丁みそは、田楽のたれにすると香ばしさが加わり、まろやかな味わい。みそ汁にも適しており、香りがよく、コクがあるのにさわやかなあと口です。なじみのない人も、試してみてはいかがでしょうか。

特殊な方法で薄色に仕上げる西京みそ

京都の文化に育まれた白みそ

米みその中でもっとも色が薄く、麹の量が多いため甘味の強いのが白みそ。京都で造られる白みそを「西京みそ」と呼んでいますが、本来は、京都の特定の蔵で造られる白みその名称です。

西京みそは、京都の王朝文化の中で育まれ、宮中のハレの儀式や、お茶席に供される懐石料理などに欠かせない調味料として重用されました。ちなみに、京都を中心とした近畿地方では、お正月のお雑煮に白みそを使います。

こうした祝い膳に西京みそが使われるのは、素材の色を引き立てる淡黄色が、見た目の美しさを大事にする京料理に合うからです。そして、白さの中に上品な甘みや濃厚な旨味がある、贅沢感を堪能できるのも、西京みその特徴です。

上質な米麹が味の決め手

西京みその甘味と香りの決め手は米麹です。濃い色がつかないように米を磨いて蒸し上げ、麹菌を種付けしたら、温度や湿度を徹底管理し、上質な米麹に仕上げます。美しい淡黄色を出すのは大豆。大豆はたっぷりの水でふっくらとゆで上げ、熱いうちに塩切り麹を練り合わせ、その温度で発酵を進めます。さらに、雑菌を防ぐための温度調整を施し、色がつくのを防ぎながら熟成させます。こうした手間をかけた造り方が、西京みその高い品質を保っています。

西京みそと並んでよく知られている白みそに、広島の「府中みそ」があります。きめが細かく透き通るような白色で、低塩の甘口。ほかに、香川の「讃岐みそ」も有名です。

みそ蔵探訪②

麹造りにこだわる昔ながらの手造りみそ

東京都練馬区 糀屋三郎右衛門

　東京都内で唯一、自家製の麹（糀）を使ってみそを仕込んでいるみそ蔵、「糀屋三郎右衛門」。「みそ造りの肝はなんといっても麹。なのでうちでは昔から、麹造りにこだわってきました」と話すのは、7代目の辻田雅寛さん。

　明治中期に茨城で創業し、大正12年に東京・下谷に進出、昭和14年、現在地にみそ蔵を移転しました。ところで、東京では信州みそ系の需要が多いようですが、こちらのみそは少し違う味がします。

「どちらかというと、仙台みそに近いかもしれません。もともとみそは個人の家で造るものなので、みそ屋によって製法も味も違うし、同じみそ屋でも樽によって違います。市販のみそが同じ味なのは、複数の仕込容器のものをブレンドしているから。うちの場合は、同じ樽のみそでも、最初と最後ではタイムラグがあるので、味も色も変わります。それが無添加・天然醸造の特徴でもあるんです」

　まずは、麹造りの様子から見学させてもらうことに。すでに米を蒸している甑《こしき》から、白い蒸気がもうもうと上がっています。米が蒸し上がると、大きな容器に移し、人肌くらいまで冷ましてから種麹菌を混ぜていきます。

「米は、水分が30～33％のぱらっとした感じになるように炊くのがコツ。中まで麹菌が入り、菌が付きやすくなるんです」

　こうした作業を経て、米と種麹菌がよくなじんだら、これを「へぎ板」に入れ、室《むろ》の中で発酵させます。このとき、一枚一枚にわらで編ん

都心に近い住宅地にあるみそ蔵は、「昔みそ」の看板が目印。直売も行っている。

東京都練馬区中村 2-29-8
TEL 03-3999-2276
http://www.kouji-ya.com/
＊ホームページから購入可能

糀造り、みそ造りは４人のチームワークで。左から辻田雅寛さん、妻の美幸さん、義妹の和美さん、義兄の渡邊寛（ゆたか）さん。

だ菰《こも》をかけ、発酵を促します。

　室に入れて丸一日経つと、表面いっぱいにモワモワとした「花」が付き、上質の米麹のでき上がり。黙々と作業を進める4人の阿吽の呼吸が、おいしいみそ造りの秘訣なのかもしれません。

一度に150Kgの米を大きな甑（こしき）で蒸す。

蒸し上がった米をざるに移していき、冷ます。さらに機械を通して冷ましながら、大きな箱型の容器に広げる。

種麹菌をまく。

製麹の材料をへぎ板に入れ、手作りの菰をかぶせ、室に積み上げる。ここで製麹の最終日を過ごす。

かたまりが残らないように素早く、ていねいにほぐしていく。

麹菌の胞子がきれいに伸びて「花」が咲いたようになり、みその味の決め手となる麹のでき上がり。

こちらのみそ造りは手作業がメインですが、ところどころで機械も作動。大豆は大きな圧力釜で一気に加熱し、指でつぶれるくらいやわらかくします。これをある程度冷まし、塩切り麹を混ぜ込みます。種水と種みそ（でき上がっているみそ）を加えて機械で撹拌。ひとかたまりずつ仕込み樽に入れていき、熟成させます。

1．ビックサイズの圧力釜で大豆を蒸す。90kg の大豆を水に浸すと 180kg になる。2．大豆を広げて、大型の扇風機で風を送りながら冷ます。3．米麹と塩を混ぜた塩切り糀を用意しておく。4．撹拌機に大豆と塩切り麹を入れ、種水と種みそを加えて混ぜる。
5．4をひとかたまりずつ樽に入れていき、仕込む。

玄米を使った栄養とコクが魅力「米寿」、原料にこだわり、麹を多く使った旨味たっぷりの「京の里」。

昔ながらのクセのない味「おふくろ自慢 中辛」、まろやかな甘味の減塩タイプ、「おふくろ自慢 甘口」。

糀屋三郎右衛門
昔みその
おすすめ料理

葉しょうがとみょうがのみそ添え

みそは、そのまま生でもおいしいもの。薬味野菜の香味や辛味とも調和した、新鮮なみその風味が生れます。食事中の箸休めに、おつまみにもぴったり。多めの麹で旨味を強くしたタイプ、「京の里」を使いました。

簡単みそ汁

調理時間がなくてもみそ汁だけは食べたい！　そんなときは、コクと旨味が十分なみそをお湯で溶きます。カットわかめを入れ、みょうがやねぎを刻んで散らすだけで完成。みそは栄養豊富な「米寿」がおすすめ。

西日本で好まれる素朴な味
麦みそ

古くからある九州の麦みそ

麦みそは麦麹で発酵・熟成させるみそ。農家で自家用に造られていたことから、「田舎みそ」とも呼ばれています。主な生産地は、中国・四国の一部と九州全域ですが、北関東にもあります。よく「九州のみそは甘い」と言われますが、それは麦麹で造るみそだから。米麹のみそより、まろやかなやさしい甘味が持ち味です。

九州のみその歴史は古く、約１３００年前には、みその原型である「醤」が伝えられていたそうです。平安時代に京の都から大宰府に左遷された菅原道真に、麦みそで作った「焼きみそ」を出したという逸話も残っています。今も山間部などでは、わらの上で裸麦の種麹付けをしたり、大豆を臼でつくなど、昔ながらのみそ造りが続いています。

麦麹だけで造るタイプも

麦みそは、熟成期間の短い淡色系から、熟成期間を長くした濃いめの色のものまで、多様です。北関東で好まれる辛口麦みそもあり、米みそと混ぜ合わせた「合わせみそ」もあります。

一般的な麦みそは、煮てつぶした大豆に麦麹と塩を混ぜて熟成させるのですが、愛媛県西部では、大豆を用いない麦麹１００％のみそが造られています。この方法だと熟成期間は短く、淡色の甘味の強い麦みそになります。ただし、液化と色の変化が速いため、賞味期限は短め。購入したら冷蔵庫で保管します

麦みそは濾したタイプもありますが、麦麹の粒々が残っているものが多く、みそ汁にするときは、濾したほうが食べやすくなります。

みそ蔵探訪③

愛媛県宇和島市
井伊商店

麦だけで造るやさしい味、麦みそ

四国や九州地方で昔から親しまれてきた麦みそ。ただ、麦みそといっても大豆が入っていることが多いのですが、井伊商店の麦みそは100％麦（裸麦）でできています。

「愛媛県は裸麦の生産量が全国一なんです。一説によると、米の裏作で麦を作っていたら、突然変異で籾がはがれやすい裸麦ができたとか。庶民の食糧であった麦を保存するために、麦みそができたとも言われています」

そう教えてくれたのは、井伊商店の三代目、井伊友博さん。建築家をめざしていた友博さんがみそ屋を継ぐ決心をしたのは8年前、28歳のとき。バブル期以降、みその売り上げが伸び悩んでいたからでした。

「とにかく知ってもらい、食べてもらうことが大

商品は「麦味噌」1種類。冷蔵庫に保存すると発酵が止まり、半年はおいしく食べられる。

愛媛県宇和島市鶴島町 3-23
TEL　0895-22-2549
http://iimiso.com/
＊ホームページから購入可能

みそ造りは家族だけで。右から友博さん、二代目（父）の良夫さん、母の陽子さん。井伊商店は初代の梅雄さん（97歳）が戦後に始めた麦みそ専門店。手描きの看板が“いい味”を出している。

事だと思い、ホームページを作り、愛媛県内や大阪のデパートでの実演販売にも参加し、置いてもらう店も増やしました」

折しも、健康ブームによって発酵食品が見直されはじめた時期。「まじめに作っていますね」という感想が聞かれるようになり、売上げも徐々に伸びてきたそうです。

「うちの麦みそのいちばんの特徴は自然の甘味。大豆が入らないのでその分、旨味やコクが足りないと思う方もいますが、脂の多い肉や油揚げなどと一緒に調理すると、ほかのみそでは味わえない、まろやかさが楽しめます。造り方を変えず、今の麦みその味を変えないようにするのが、僕の役割だと思っています」

両親と友博さんの家族3人だけで、ていねいに心を込めて造り出すその味は、麦みそならではの、ほっとする素朴なおいしさです。

麦みその造り方はいたってシンプル。麦に麹菌を付けて発酵させ、麦麹ができたら塩を混ぜて、杉の桶に仕込みます。

「麦麹は夏に発酵しやすく、3か月くらいで熟成します。冬は半年くらいかかるので、夏の間に翌年の5月分まで仕込んでいます」

そうしてできた愛着ある麦みそを広めるため

蒸した麦を筵（むしろ）に広げて冷まし、種麹をまいて手ですり合わせるようにして混ぜ込む（種付け）。

種付けした麦をもろぶた（木の箱）に移し、麹の花がまんべんなく付くように波状に筋を入れ、室の中で丸一日寝かせる。

室には約100枚のもろぶたが入る。発酵するときに発する熱で、室内は32〜33度にもなる。

に、レシピなどの情報発信にも力を注いでいる友博さん。レシピ帖のなかから、次のページで紹介する「さつま（冷や汁）」と「味がらしだれ」を教えてもらいました。

1．室から出した麦麹を次々に、大きな桶に移していく。2．もろぶたから麦麹をかき落としているところ。3．麦麹に塩を混ぜる塩切り。4．専用のスコップでまんべんなく混ぜる。力の要る作業。
5．木桶に仕込み、3か月から半年かけて発酵・熟成。麦みそのでき上がり。

井伊商店
麦みそのおすすめ料理

さつま（冷や汁）

愛媛県宇和島市の郷土料理。たいの切り身を焼いてほぐし、麦みそと一緒にすります。これを軽く焼き、出汁で伸ばして汁に。きゅうりや薬味を刻んでごはんにのせ、ごまをふり、たいみその汁をかけていただきます。栄養たっぷり夏向きの料理です。

味がらしだれ

宇和島地方では、「味（み）がらし」を豆腐や野菜にかけたり、おでんにつけて食べます。味がらしは、粉がらしを水で溶いて寝かせ、辛味が出たら麦みそを合わせ、酒、酢、砂糖を加えて練り混ぜたもの。麦みその甘味を生かした万能だれです。

3章

すぐおいしいおかずみそ

みそは生のままでも食べられますが、甘味をつけたり、ほかの食材を加えたりすれば、ごはんに合うおかずみそに！　このおかずみそは作りおきもでき、応用力を大いに発揮。副菜の一品が簡単に、ササッとできます。

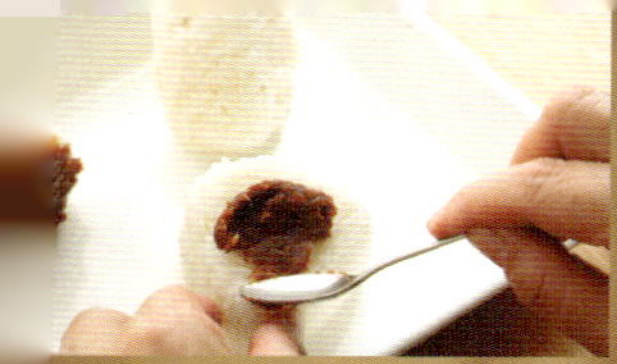

みそ

焼きおにぎり

みそはごはんとの相性抜群。おにぎりに塗って軽く焼くだけでも香ばしさが加わって、たまらないおいしさ。

甘みそおにぎり

みそをみりんで溶いた甘みそなら辛さ控えめ。ひと口大のおにぎりに塗って、漬けものを添えました。

基本の甘みそ

材料（作りやすい分量）

みそ　70g
砂糖　大さじ2
みりん　大さじ1

作り方

鍋にみそと砂糖を入れてよく混ぜ、中火にかけながらみりんを加えて溶き混ぜる。

ねぎみそ

ぴりっとしたねぎの辛みをつけて、応用範囲を広げます。餃子の皮を軽く焼き、塗るだけでもおつまみに!

基本のねぎみそ

材料（作りやすい分量）

玉ねぎ　1/4 個
長ねぎ　1/4 本
みそ　50g
ごま油　大さじ 1

作り方

玉ねぎ、長ねぎはみじん切りにする。鍋にごま油を熱し、玉ねぎを弱火でじっくり 10分ほど炒め、長ねぎを加えてさらに数分炒めたら、みそを入れて混ぜる。

＊冷蔵庫で約 1 週間保存できる。

ねぎみそ
アレンジ

長いものねぎみそ焼き

ホクっとした食感と
香ばしさ、みその風味…
味わい満載の一皿です

材料（2人分）

長いも　9cm
ねぎみそ　適量
乾燥実山椒　少々

作り方

1　長いもは1.5cm厚さの輪切りにし、皮をむく。
2　1の切り口にねぎみそを塗り、グリルで表面に焦げ目がつくまであぶり焼する。
3　器に盛って実山椒を散らす。

ごまみそ

ごまをすって香りを出し、砂糖とみりんで甘味をつけます。ごはんにも、ゆで野菜にもぴったりの便利みそ。

基本のごまみそ

材料（作りやすい分量）

白ごま　大さじ3
みそ　大さじ5
砂糖　大さじ6
みりん　大さじ2

作り方

1 白ごまは小鍋で煎って香りを出し、すり鉢ですっておく（すりごまで代用してもよい）。
2 鍋にみそと砂糖を入れ、中火にかけて練り、砂糖が溶けたらみりんを入れて、照りが出たらごまをさっと混ぜる。

＊冷蔵庫で約１か月保存できる。

ごまみそアレンジ

里いものごまみそ絡め

蒸して揚げた里いもの
ホクホク感に、粒々のごまや
みそのコクがよく合います

材料（2～3人分）

里いも　6個
ごまみそ　適量
揚げ油　適量

作り方

1　里いもはよく洗い、天地を少し水平に切り落として、縦に1本切り込みを入れる。
2　1を蒸し器で蒸す。竹串を刺してスーッと通ったら蒸し器から出し、ぬれ布巾などで里いもを包んで皮をつるりとむく。
3　揚げ油を高温（180度）に熱し、2を入れて表面がカリッとして、ところどころきつね色になるまで揚げる。
4　油をきって、ごまみそを絡める。

じゃこみそ

じゃこはから煎りして旨味を出し、甘味を加えて練りみそに。カルシウムたっぷりの健康おかずになります。

基本のじゃこみそ

材料（作りやすい分量）

ちりめんじゃこ　20g

みそ　60g

砂糖　大さじ1

酒　大さじ1

作り方

1 鍋にちりめんじゃこを入れて中火にかけ、軽く煎る。

2 みそ、砂糖、酒を入れ、砂糖が溶けるまで練り混ぜる。

＊冷蔵庫で約1週間保存できる。

じゃこみそ
アレンジ

ちくわのじゃこみそ和え

しっかり味のみそだから
素材を和えるだけで
食欲のわく副菜に

材料（2～３人分）
ちくわ　3本
じゃこみそ　適量
青じそ　少々

作り方
ちくわは食べやすい大きさに切り、好みの分量のじゃこみそで和える。器に盛り、刻んだ青じそを散らす。

鶏肉みそ

炒めた鶏ひき肉をみそに入れ、甘味をつけて練り上げ、コクと旨味をアップ！　レタスで巻くだけでも一品に。

基本の鶏肉みそ

材料（作りやすい分量）

鶏ひき肉　300g
酒　大さじ1
しょうがのみじん切り　10g
みそ　大さじ3
砂糖　大さじ2～3

作り方

1 鍋に酒と鶏ひき肉を入れて箸でよくほぐし、しょうがを入れて火にかける。
2 鶏肉の色が白っぽくなったら、みそ、砂糖を入れて煎り煮する。

＊冷蔵庫で４～５日保存できる。

鶏肉みそアレンジ

なすの鶏肉みそマーボ

揚げなすに肉みそを絡めた
ボリューミーなおかず
ごはんが進みます

材料（3～4人分）

なす…３本
鶏肉みそ…適量
万能ねぎ…５本
揚げ油…適量

作り方

1. なすは乱切りにして、中温（180度）に熱した油でさっと揚げる。
2. 万能ねぎは小口切りにする。
3. なすに鶏肉みそを絡め、万能ねぎをかける。好みで豆板醤少々を加えてもよい。

ふきみそ

ふきのとうの苦みをみそにブレンド。白みそを使って品よく仕上げます。雑穀米のごはんにのせてどうぞ。

基本のふきみそ

材料（作りやすい分量）

ふきのとう　2個
塩・重曹　各少々
白みそ　大さじ3
米酢　大さじ1
砂糖　小さじ1

作り方

1 ふきのとうは塩と重曹を入れた熱湯でさっとゆで、水に取って2時間ほどさらす。水けをきって細かく刻み、さらに水けをよく絞る。
2 白みそと米酢、砂糖、1を混ぜ合わせる

＊冷蔵庫で約3日保存できる。

ふきみそアレンジ

厚揚げのふきみそはさみ焼き

ほのかな苦みがアクセント
香ばしさと花がつおも加わって
風味豊か

材料（2～3人分）

厚揚げ　1枚
ふきみそ　適量
花かつお　適量

作り方

1　厚揚げを3等分に切り、厚みの中央に切り込みを入れる。
2　切り込みを少し開けて、ふきみそをはさみ、オーブントースターまたはグリルでさっと焼き目がつくまで焼く。
3　花かつおをあしらう。

柚子みそ

柚子の香りをつけた酸味のある、さわやかみそ。魚介や野菜と和えてもいいし、焼き魚にかけても絶品です。

基本の柚子みそ

材料（作りやすい分量）

みそ　100g
砂糖　40g
みりん　大さじ1
酒　大さじ2
柚子果汁　1/2 個分

作り方

1. 小鍋にみそ、砂糖、みりん、酒を入れて火にかけ、よく練り混ぜる。照りが出たら火を止めて冷ます。
2. 柚子果汁を加え混ぜる。

柚子みそアレンジ

ぶりの柚子みそだれ

焼き魚にみそのコクとさわやかな風味をかけてさっぱりおいしく

材料（2人分）

ぶり　2切れ
柚子みそ　大さじ2強
レモンスライス　2切れ

作り方

ぶりをグリルで焼き、器に盛って柚子みそをかけ、レモンスライスを添える。

4章

毎日食べたい定番みそ料理

みそ料理で押さえておきたい酢みそと練りみそ。２つをマスターしておけば、野菜に添えるだけもごちそうに。またみそは、煮る、焼く、和えるなど、どんな調理法でも素材をおいしく仕上げるので、毎日食べても飽きません。

酢みそ

みそは、塩け、コク、風味がそろっている、すぐれた調味料。少し手を加えるだけで、素材の味が引き立つ、和え衣やたれができます。まずは、酢で伸ばした「酢みそ」を作ってみましょう。

基本の酢みそ

材料（作りやすい分量）

白みそ　大さじ3
砂糖　小さじ1
米酢　大さじ1と1/2
すりごま　小さじ1

作り方

すり鉢に白みそ、砂糖を入れてよくすり混ぜ、米酢を少しずつ加えて溶き伸ばす。最後にすりごまを入れて混ぜる。

＊みそは辛口みそや麦みそでもよい。

酢みそ

いかとねぎのぬた

魚介と香りのある野菜を
酢みそでさっぱり！
小鉢に品よく盛りつけて

材料（3～4人分）

いか　1杯
わけぎ　1束
酢みそ　適量

作り方

1　いかは腹ワタを取って、げそと胴に分け、胴の皮をむく。これをグリルで焼き、胴は手で裂くか、または細切りにし、げそは食べやすい長さに切る。

2　わけぎは熱湯でさっとゆで、水に取って4cm長さに切り、水けを絞る。

3　1と2を酢みそで和える。

酢みそ
＋
生野菜など

酢みそをたれにすれば、好みの量が調整できて、お口に合う味に。生の香味野菜や夏野菜、らっきょうにもかけてみて。

材料と作り方（２人分）

❶フルーツトマト１個は一口大に切り、みょうが２本はスライスする。❷①とらっきょう２〜３個ずつを器に盛り、酢みそ適量をかける。

酢みそ
＋
焼き野菜

野菜は、焼くと香ばしさが加わり、甘味が出て食感にも変化が。酢みそとの相性もよく、素材の味が際立ちます。

材料と作り方（2人分）

❶にんじん1/2本は5mm厚さの輪切りにし、長ねぎは1/2本は3～4cm長さに切る。❷アスパラ4本、ホワイトアスパラ2本を①とともにグリルで焼き目がつくまで焼く。❸器に盛りつけ、酢みそ適量をかける。

酢みそ＋ゆで野菜

あっさりした口当たりのゆで野菜にも、コクのある酢みそだれは好適。豆板醤の刺激を加えても。

材料と作り方（2人分）

❶じゃがいも1個は食べやすく切ってゆでる。キャベツ2枚は大きめに切り、オクラ6本は塩少々をすりこみ、それぞれゆでる。❷酢みそ適量に豆板醤少々を加え混ぜる。❸①を器に盛り、②をかける。

酢みそ ＋ 揚げ野菜

素揚げした野菜を酢みそにつけて、油の旨味とコクをプラス。こちらは辛口みそを使いました。

材料と作り方（2～3人分）

❶ゴーヤ 1/2 本は種とワタをスプーンでくりぬき、5 mm 厚さの輪切りにする。ごぼう 1 本は皮をこそいで 3～4cm 長さに切り、縦半分に切る。❷①を高温（180 度）の揚げ油でからりと揚げ、油をきる。❸器に盛り、酢みそを添える。適宜酢みそをつけていただく。

練りみそ

練りみそは、みそに砂糖とみりんを加えて中火で練り上げたもの。まったりとした食感、風味のよい甘味が得られ、田楽やふろふき大根のたれに、洋食のソース代わりにもなります。

基本の練りみそ

材料（作りやすい分量）

八丁みそ　150g

砂糖　80g

みりん　20g

作り方

鍋に八丁みそと砂糖、みりんを入れ、木べらでよく混ぜてから火にかけ、練り混ぜる。つやが出たら火を止め、冷ます。

＊みそは辛口みそでもよい。

練りみそアレンジ

なす田楽と豆腐田楽

揚げても生のままでも
濃厚な練りみそが
リッチな味に仕立てます

材料（2人分）

なす　1個
豆腐　1/2丁
練りみそ　適量
すりごま　　少々
揚げ油　　適量

作り方

1　なすは縦半分に切り、中温（170度）に熱した油で揚げる。切り口に練りみそをつけて、すりごまをふる。

2　豆腐は半分に切って熱湯で数分ゆで、水けをきる。器に盛って練りみそをのせる。

練りみそ　アレンジ

みそだれおでん

おでん＋練りみそで
いつもと違う味わいに！
どんな具にもぴったり

材料（4人分）

出汁　2ℓ

A
- 薄口しょうゆ　大さじ3
- 砂糖　大さじ1
- みりん　大さじ1
- 酒　大さじ1

ゆで卵　4個
大根　400g
ちくわぶ　1本
牛すじ肉　300g
さつま揚げ（2～3種類）　適量
練りみそ　適量

作り方

1. 鍋に出汁を入れて沸かし、Aで味を調える。
2. 大根は1cm厚さに切って米のとぎ汁で下ゆでしておく。
3. 1に牛すじ肉を入れて煮立て、アクを取る。
4. 3にゆで卵、2、さつま揚げを入れて味がしみるまでコトコトと煮る。
5. 器に盛って、練りみそをかける。

練りみそアレンジ

みそかつ

とろ〜りとかけた
練りみそのコクが
衣と肉に絡みます

材料（2人分）

豚バラ肉　1cm厚さ6枚
塩・こしょう　各少々
揚げ衣
- 薄力粉　適量
- 溶き卵　1個分
- パン粉　適量

練りみそ・みりん　適量
揚げ油　適量
キャベツ　適量

作り方

1 豚肉は軽く、塩、こしょうをふっておく。これを3枚ずつ串に刺す。
2 1に薄力粉を薄くつけ、溶き卵をくぐらせてパン粉をつけ、中温（170度）の油できつね色に揚げる。
3 せん切りキャベツとともに2を盛りつけ、みりんで伸ばした練りみそをかける。

ふろふき大根 白みそだれ

甘味の強い白みそは
酒だけでとろりとのばし
風味よくいただきます

白みそだれ

材料（作りやすい分量）

白みそ　200g

酒　大さじ2

作り方

小鍋に白みそと酒を入れて火にかけ、とろっとしてくるまで弱火で練る。

ふろふき大根 辛口みそだれ

塩けの多い辛口みそは
砂糖とみりんで甘味をつけ
まったりした口当たりに

ふろふき大根

材料（2人分）

大根　1/2本
出汁　500mℓ

作り方

1　大根は2cm厚さに切って皮をむく。鍋に米のとぎ汁適量と大根を入れて、透き通るまでゆで、そのまま冷ます。

2　鍋の米のとぎ汁を洗い流し、出汁の中に入れて、大根がやわらかくなるまで火を通す。

辛口みそだれ

材料（作りやすい分量）

辛口みそ　200g
砂糖　70g
酒　50mℓ
みりん　大さじ1

作り方

小鍋に辛口みそと砂糖、酒を入れて中火にかけて練る。みりんを入れてつやが出たら火を止める。

ふろふき大根 八丁みそだれ

かたさのある八丁みそは
砂糖とみりんでゆるめ
独特の味覚を楽しみます

八丁みそだれ

材料（作りやすい分量）

八丁みそ　150g

砂糖　80g

みりん　20g

作り方

小鍋に八丁みそと砂糖、みりんを入れて火にかけ、砂糖が溶けてみそがやわらかくなるまで練り混ぜる。

豚肉と大根のみそ煮込み

みそのコクでじっくり煮込めば
豚肉の旨味がおいしく絡んで
食べ応えのあるおかずに

材料（2人分）

豚肩ロース肉　200g
大根　300g
出汁　200㎖
砂糖　大さじ1
麦みそ　大さじ3～4

作り方

1 大根は皮をむいて乱切りにし、米のとぎ汁でやわらかくなるまで下煮する。
2 豚肉は大きめのぶつ切りにし、熱湯をさっとくぐらせ、水けをきる。
3 鍋に出汁と豚肉、大根を入れて火にかけ、煮立ったら砂糖を入れて数分煮る。
4 みそを入れて溶き、豚肉にしっかり火が通るまで煮る。

煮る！

さばのみそ煮

みその風味でコーティング
さばの臭みも消え
ごはんに合う魚料理に

材料（2人分）

さば　1/2 尾（片身）
出汁　100㎖
砂糖　25g
しょうがの薄切り
　1/2 かけ分
酒　大さじ 1
みそ　50g

作り方

1 さばは半分に切り、中央の血合いの部分に縦に切り目を入れる。これをさっと熱湯にくぐらせ、水けをきる。

2 鍋に出汁と砂糖を入れ、さばの皮面を上にして並べ、しょうがの薄切りをのせて火にかける。沸騰したら酒とみそを入れてみそを溶き、煮汁をさばにかけながら火が通るまで煮る。

≡煮る!

いわしのごまみそ煮

じっくり煮込むと
みその甘辛味がよくなじみ
大満足のおいしさ

材料（2〜3人分）

いわし　4尾
こんにゃく　1枚
出汁　200㎖
米酢　小さじ2
しょうがのみじん切り　少々
砂糖　大さじ2
みそ　大さじ1と1/2
すりごま　大さじ2
新しょうがのせん切り　少々

作り方

1 いわしは頭と内臓をとって3cm長さくらいのぶつ切りにする。こんにゃくは一口大に切り、下ゆでをする。

2 鍋に出汁と米酢、いわし、しょうがのみじん切りを入れて火にかけ、いわしに火が通るまで弱火で煮る。

3 こんにゃくを入れ、砂糖を加えて3分ほど煮たら、みそを入れて溶き、汁けが少し残る程度まで煮る。最後にすりごまを加えて混ぜ、器に盛って新しょうがをのせる。

煮る！

白菜と肉団子のみそ煮

肉団子なら旨味が出やすく
白菜ともベストマッチ
みそは辛口みそがおすすめ

材料（2〜3人分）

白菜　1/8 個
豚ひき肉　150g
長ねぎのみじん切り
　1/4 本分
出汁　200㎖
みそ　大さじ 1
みりん　大さじ 2
七味唐辛子　少々

作り方

1 肉団子を作る。豚ひき肉に長ねぎのみじん切りを入れ、粘りが出るまでよく混ぜる。

2 白菜は 4 cm 長さくらいのざく切りにする。

3 鍋に出汁を入れて沸かし、1 と 2 を入れて煮る。肉に火が通り、白菜がしんなりしてきたら、みそを入れて溶き、みりんで味を調える。器に盛って七味唐辛子をふる。

煮る！

牡蠣のみそすき鍋

甘くしたみそ味の出汁を張り
きのこや豆腐をぐつぐつと
汁と一緒にいただきます

材料（1〜2人分）

牡蠣　4個
長ねぎ　1/2本
エリンギ　1/2本
しめじ　1/2パック
木綿豆腐　1/4丁
A｜赤みそ　大さじ3
　｜砂糖　大さじ2
　｜酒　　大さじ1
水出汁
（水300mℓ＋昆布5cm）

作り方

1 牡蠣は塩少々をふって水で汚れを洗い流し、水けをきる。長ねぎは斜め切りに、エリンギは手で裂き、しめじは小房に分ける。豆腐は半分に切る。
2 Aを混ぜておく。
3 土鍋に水出汁と昆布を入れ、1を入れて火にかけ、ぐつぐつと沸いてきたら2を溶き入れる。

＊水出汁は、水に昆布を入れてひと晩浸けておいたもの。多めに作っておくと便利。この鍋には、浸けた昆布も一緒に使う。

れんこんのみそ炒め

ごま油で炒めて香りをつけ
甘みそを絡めるだけ
歯応えよく仕上げます

材料（2～3人分）

れんこん　小2節

A｜みそ　大さじ1
　｜砂糖　大さじ1
　｜酒　大さじ2

ごま油　大さじ2

作り方

1　Aを混ぜておく。

2　れんこんは皮をむき、乱切りにして酢少々を入れた水にさらし、水けをきる。

3　樹脂加工のフライパンにごま油を熱し、れんこんを炒める。全体に油が回り、れんこんの角が透き通って焼き目がついてきたら、1を入れて絡める。

≡炒める！

なすときのこ、ピーマンのみそ炒め

炒めると風味が際立つみそ
じっくり火を通し
野菜の旨味と合体させて

材料（2人分）

水なす　1個
エリンギ　1本
ピーマン　1個
みそ　大さじ1/2
酒　大さじ2
ごま油　大さじ1
みょうが　1個

＊水なすは普通のなすで代用可。
＊みそは甘めのものを使う。

作り方

1　なすは長さを半分に切り、くし形に切る。エリンギは手で食べやすく裂き、ピーマンはヘタと種を取って一口大に切る。

2　フライパンにごま油を熱し、1をしんなりするまで炒め、みそと酒を入れて絡める。

3　器に盛り、せん切にしたみょうがを散らす。

炒める！

みそチャーハン

具がたっぷりのチャーハンも
みそだけでササッと手早く
ひと味おいしくできます

材料（2人分）

豚ひき肉　100g
ピーマン　1個
玉ねぎ　1/2個
にんじん　1/2本
ごはん　2杯分
みそ　大さじ1
ごま油　大さじ1

作り方

1 ピーマン、玉ねぎ、にんじんは、粗みじん切りにする。

2 フライパンにごま油を熱し、豚ひき肉を炒める。続いて1を入れて炒め、ごはんを入れてほぐす。みそを入れて混ぜ、全体に味がなじんだら火を止める。好みでこしょうをかけてもよい。

焼く！

豚みそ漬けあぶり焼き

肉にみそを薄く塗る方法なら
そのまま焼けて味も上々
白髪ねぎを巻いてどうぞ

材料（2人分）

豚肩ロース薄切り肉　150g
みそ　大さじ3～4
長ねぎ　1本
サラダ菜　適量

作り方

1　バットに豚肉を広げ、みそを両面の全体に薄く塗る。ラップをぴっちりとかけて空気に触れないようにし、1時間ほどおく。

2　長ねぎは5cm長さの極細のせん切り（白髪ねぎ）にする。

3　グリルや焼き網で、1を焦がさないようにあぶり焼きする。

4　2を適量ずつ3で巻き、サラダ菜とともに盛りつける。

焼く！

いかのポンポン焼き

ワタにみそを加えてぐつぐつと
香ばしく焼けば、ごはんのお伴に
酒の肴にぴったりです

材料（2人分）

するめいかの
　ワタとげそ　1杯分
長ねぎのみじん切り
　1/2本分
みそ　大さじ1
酒　大さじ1
砂糖　大さじ1/2
みりん　小さじ1

作り方

1　いかのげそはぶつ切りにし、ワタは出しておく。アルミホイルを適当な大きさに切って広げ、げそとワタをのせる。

2　1にみそ、酒、砂糖、みりんを加えて混ぜ、長ねぎを入れて、アルミホイルで包むようにして閉じる。これをグリルなどで、水分がなくなるまでぐつぐつと焼く。

いちじくの白みそがけ

ふわっとしたいちじくの食感に
白みその甘いとろみがマッチ
デザートにもおすすめです

材料（2人分）

いちじく　1個
片栗粉　適量
砂糖　小さじ1
白みそ　大さじ2
みりん　小さじ2
揚げ油　適量

＊砂糖は洗双糖など、結晶が粗めのものを使用。

作り方

1 いちじくは皮をむき、縦半分に切って片栗粉をまぶす。
2 高温（180度）の油で1をさっと揚げ、油をきる。
3 熱いうちに、いちじくの真ん中のくぼみに砂糖を入れる。
4 白みそをみりんで溶き、器に盛った3にかける。

和える！

桃とびわのみそ白和え

辛みがなく上品な白みそは
フルーツの甘味と合わせて
きれいな色の和えものに

材料（2～3人分）

桃　1個
びわ　2個
木綿豆腐　1丁
煎りごま　大さじ2
白みそ　大さじ6
砂糖　小さじ1
オリーブオイル　適量

作り方

1 豆腐は布巾などに包み、まな板をのせて水けをきっておく。

2 すり鉢に煎りごまを入れて半ずりにし、白みそと砂糖を入れて混ぜ、1を崩し入れて混ぜる。

3 桃とびわはそれぞれ一口大に切る。2の半量で桃を和え、残りの半量でびわを和える。器に盛り、それぞれオリーブオイルをたらす。

≡和える!

ロメインレタスのみそ味サラダ

柚子こしょうでぴりっとさせた
白みそドレッシングで
新鮮野菜がいくらでも

材料（2～3人分）

ロメインレタス　5枚
プチトマト　7～10個
スプラウト　少々
白みそ　小さじ2
柚子こしょう　小さじ2
米酢　大さじ1
オリーブオイル　大さじ2

作り方

1　ロメインレタスは3cm幅くらいに切る。プチトマトはヘタを取り、縦半分に切る。

2　ボウルに白みそと柚子こしょうを入れて米酢で伸ばし、オリーブオイルを加えてペースト状にする。

3　1とスプラウトを合わせ、2で和える。

≡和える！

ヤムウンセン（春雨サラダ）

香味野菜を効かせて
みそ入りのエスニックソースで
タイ風の春雨サラダに

材料（2人分）

春雨　乾燥 50g
豚ひき肉　30g
えび　5尾
いんげん　3本
玉ねぎ　1/4 個
パクチー　2本
プチトマト　3個
サラダ菜　適量
みそナムチム
　ナンプラー　大さじ1
　レモン汁　大さじ2
　白みそ　小さじ1
　にんにくのみじん切り　1片分
　赤唐辛子　少々
豚肉とえびのゆで汁　大さじ1

作り方

1 みそナムチムを作る。すり鉢にふやかした唐辛子とにんにくを入れてよくすりつぶす。プチトマト1個（分量外）を入れて軽くつぶし、ほかのナムチムの材料を入れてよく混ぜる。

2 春雨は熱湯で戻し、水けをきってざく切りにする。いんげんはゆでて食べやすく切る。玉ねぎは薄切りにし、パクチーはざく切りに、プチトマトは半分に切る。

3 豚ひき肉とえびを同じ鍋でゆでる。ゆで汁大さじ1を取って1に加え、水けをきった豚ひき肉とえび、2をみそナムチムに入れて和える。

4 器にサラダ菜を敷き、3を盛りつける。

5章
みそ＋αでいろいろアレンジ

みそに別の調味料や動物性の食材、香味野菜などを加えると、あらたな味覚が生まれます。中華やエスニック、イタリアンも、みそのコクや風味を借りれば、ひと味もふた味もグレードアップ。みそのアレンジ力、ぜひお試しを！

みそ＋チーズ

じゃがいものみそラクレット

2種の発酵食品を使い
いろいろな風味や酸味を
ホクホク感にミックス

みそチーズトースト

あっさり味のチーズには
みそで塩けをプラス
香ばしさもうれしい！

じゃがいものみそラクレット

材料（1人分）

じゃがいも　1個
ラクレットチーズ　20g
みそ　小さじ1
こしょう　適量
オリーブオイル　小さじ1程度

作り方

1　じゃがいもは皮つきのまま、やわらかくゆでる。
2　ラクレットチーズは短冊切ったもの2個と、薄切りにしたもの1枚を用意する。
3　1に十文字の切り込みを入れて、みそを塗り、2をのせる。オーブントースターでチーズが溶けるまで焼き、こしょうとオリーブオイルをかける。

チーズをみその上に重ねて焼き溶かし、じゃがいもに濃厚な2つの味が絡まるようにする。

みそチーズトースト

材料（1人分）

食パン　1枚
みそ　小さじ1程度
モッツァレラチーズ　1個
オリーブオイル　適量

作り方

1　食パンにみそを薄く塗り、スライスしたモッツァレラチーズをのせて、オーブントースターなどでチーズが溶けるまで焼く。
2　オリーブオイルを少量かける。

みそはしょっぱくならにように薄く塗る。淡白な味のチーズには、赤みそ系が合う。

みそ＋ホワイトソース

白みそきのこグラタン

きれいな色の白みそでコクを足して焼けば匂いも豊かな一皿に

＊レシピはP105

ホワイトソースにみそを入れ、弱火にかけながらゆっくり混ぜて、まんべんなく溶かす。

みそ＋豆板醤

回鍋肉《ホイコーロー》

みそに辛みをつけて
炒めるだけで
たちまち中華風に

＊レシピはＰ１０５

合わせ調味料はよく溶き混ぜておき、野菜がしんなりする前に加えて、手早く混ぜる。

みそ
＋
ひき肉

ジャージャー麺

濃厚な八丁みそを使えば
中華用調味料は不要
ひと味おいしい麺料理に

みそラーメン

みそをスープで溶かし
麺を入れればＯＫ
手軽にできる本格派

ジャージャー麺

材料（1人分）

中華生麺　1玉

きゅうり　1/2本

長ねぎ　1/4本

豚ひき肉　100g

A｜八丁みそ　大さじ1

　｜砂糖　大さじ1

　｜酒　小さじ1

ごま油　大さじ1

作り方

1　きゅうりはさいの目に切り、長ねぎは4cm長さのせん切りにする。

2　Aを合わせて混ぜておく。

3　肉みそを作る。フライパンにごま油を熱し、豚ひき肉を入れて透明な肉汁が出るまで炒める。2を入れてよく混ぜる。

4　麺をゆでて水けをきり、器に盛る。3をかけて、その上に1をのせる。

豚ひき肉がポロポロになったら、みそと調味料を入れてしっかり混ぜ、肉にみそ味をつける。

みそラーメン

材料（1人分）

中華生麺　1玉

みそ　小さじ1強

A｜顆粒鶏ガラスープの素

　｜　大さじ1/2

　｜水　250mℓ

長ねぎの斜め薄切り　1/8本分

メンマ　適量

チャーシュー　2～3枚

作り方

1　Aで中華スープを作る。分量の水を沸かし、鶏ガラスープの素を溶かす。

2　麺をゆでて水けをきる。

3　器にみそを入れて、温めた1を注ぎ、2の麺を入れてほぐす。長ねぎ、メンマ、チャーシューをのせる。

みそに中華スープを入れるだけで、みそラーメンのスープに。ここに、ゆで立ての麺を入れる。

みそ＋コチュジャン

焼きしいたけと豆もやしのチョナムル

白みそで辛みを調整
お酢で伸ばして
さわやかナムルに

＊レシピはP105

コチュジャンにみそを混ぜることで、辛みがやわらぎ食べやすくなる。チョは酢のこと。

みそ
＋
みりん

さわらのみそ漬け

白みそのやさしい風味が
ふわっと香る焼き魚
みそは薄く塗る方法で

＊レシピはＰ１０６

白みそをみりんで溶き、甘味と風味をプラス。薄くのばして魚に塗り、寝かせて味をなじませる。

みそ＋ドレッシング

グリーンサラダ みそドレ

白みそ、酢、みりんで
いつもの味に変化球
葉野菜のクセがマイルドに

＊レシピはP106

ドレッシングはみそが入る分、塩は控えめに。食べる直前によく混ぜて、サラダにかける。

みそ＋マヨネーズ

ゆで野菜のみそマヨソース

ソフトな食感の野菜には
みそでコクをつけた
クリーミーなソースを

*レシピはP106

みそ＋マヨネーズだけではなく、米酢や砂糖を加えて、なめらかさや甘みのあるソースに。

みそ
＋
にんにく

グリルチキンと野菜のにんにくだれ

こんがり焼いた肉や野菜には
香ばしいたれがお似合い
にんにく炒め＋みその出番です

＊レシピはP107

にんにくをごま油で炒め、香りを出してからみそを加え、香ばしく風味のよいたれを作る。

みそバーニャカウダ

にんにく風味のソースにみそを加えるだけで野菜がもっとおいしく！

＊レシピはP107

にんにくは先に牛乳で煮て臭みを和らげる。これに生クリームとみそを入れ、コクのあるソースに。

みそ＋卵黄

春野菜の玉みそソース

白みそと卵黄を混ぜとろ～り、まろやか春色ソースに

＊レシピはＰ１０７

白みそに調味料がなじんだら卵黄を入れ、まろやかさを出す。さらに酢でとろりとさせる。

白みそきのこグラタン (P94)

材料（3～4人分）

きのこ（しめじ、マッシュルーム、エリンギなど） 合わせて200g
オリーブオイル 大さじ1
塩・こしょう 各少々
ホワイトソース
バター 50g
薄力粉 大さじ7
牛乳 500mℓ
白みそ 大さじ4
グリュイエールチーズ 適量（またはピザ用チーズ）

作り方

1 きのこのしめじは小房に分け、マッシュルームは半分に切り、エリンギは食べやすく切る。
2 フライパンにオリーブオイルを熱し、強火できのこをさっと炒め、塩、こしょうをふる。
3 ホワイトソースを作る。鍋にバターを溶かして薄力粉を入れ、よく炒める。牛乳を少しずつ加えて溶き伸ばし、最後に白みそを入れてよく混ぜ、こしょう（分量外）で味を調える。
4 グラタン皿に3を少量敷き、2を入れて、残りのホワイトソースを入れる。グリュイエールチーズをのせて、200度のオーブンでぐつぐつ沸いてくるまで焼く。

回鍋肉 (P95)

材料（2人分）

豚薄切り肉 80g
キャベツ 1/4個
長ねぎ 1/2本
A みそ 大さじ2
豆板醤 小さじ1
砂糖 大さじ2
しょうゆ 小さじ1
酒 大さじ1
ごま油 大さじ1

作り方

1 豚肉は食べやすい大きさに切る。キャベツは一口大に切り、長ねぎは斜め薄切りにする。
2 Aの材料を混ぜ合わせる。
3 フライパンにごま油を熱し、豚肉を入れて炒めたら、いったん取り出す。
4 3のフライパンでキャベツを炒め、続いて長ねぎを炒め合わせる。
5 4に豚肉を戻し入れ、2を入れて全体にさっと絡める。

焼きしいたけと豆もやしのチョナムル (P98)

材料（3～4人分）

しいたけ 5個
豆もやし 1袋
チョコチュジャン
コチュジャン 小さじ1
白みそ 大さじ1
米酢 大さじ1

作り方

1 チョコチュジャンの材料を混ぜ合わせる
2 しいたけは軸を切ってグリルで焼き、細切りにする。豆もやしはひげ根を取って熱湯でゆで、ざるに上げる。
3 2をボウルに合わせ、1で和える。

さわらのみそ漬け (P99)

材料（1人分）

さわら　切り身1切れ
白みそ　大さじ3
みりん　大さじ1
酢取りしょうが　適量

作り方

1 白みそとみりんをよく混ぜ合わせる。
2 さわらの表面に1を薄くのばしながら全体に塗り、ラップで覆う。
3 数時間～3日くらい冷蔵庫で寝かせ、食べるときに、みそを拭わずにグリルで焼く。
4 器に盛り、甘酢に漬けた酢取りしょうがを添える。

グリーンサラダ みそドレ (P100)

材料（2人分）

ベビーリーフ　1袋
みそドレッシング
　白みそ　大さじ1
　米酢　大さじ1
　みりん　大さじ1
　黒こしょう　少々
　玉ねぎのすりおろし　1/10 個
　オリーブオイル　大さじ2

作り方

1 みそドレッシングを作る。ボウルに白みそを入れて米酢とみりんで溶き伸ばし、黒こしょう、玉ねぎのすりおろしを加えて混ぜる。最後にオリーブオイルを少しずつ入れて混ぜる
2 ベビーリーフを器に盛り、食べる直前に1をかける。

ゆで野菜のみそマヨソース (P101)

材料（1～2人分）

アスパラ　2本
じゃがいも　1個
みそマヨソース
　みそ　大さじ1
　マヨネーズ　大さじ2
　米酢　大さじ1
　砂糖　小さじ1

作り方

1 アスパラは根元のかたい部分を切り落とし、熱湯で色よくゆでる。じゃがいは皮つきのままゆでる。どちらもざるに上げて、じゃがいもは1cm 厚さに切る。
2 みそマヨソースの材料を合わせ、よく混ぜる。
3 1を器に盛り、2をかける。

グリルチキンと野菜のにんにくだれ（P102）

材料（3～4人分）

鶏手羽先　6本
ゴーヤ　1本
トマト　小3個
にんにくみそだれ
　にんにくの粗みじん切り　2片分
　みそ　大さじ2
　砂糖　小さじ4　ラー油　少々
　米酢　大さじ2　すりごま　少々
　ごま油　大さじ2

作り方

1　鶏手羽先は身の厚いところに切り込みを入れる。ゴーヤは縦半分に切ってワタと種を取り、4cm 長さの太めの短冊に切る。トマトはヘタを取り、反対側に切り目を入れる。
2　1を180度のオーブンで鶏肉に火が通るまで焼く。
3　にんにくみそだれを作る。小鍋にごま油を熱してにんにくを炒め、みそと砂糖、米酢を入れて溶き混ぜ、ラー油とすりごまも入れる。
4　器に2を盛りつけ、3をかける。

みそバーニャカウダ（P103）

材料（3～4人分）

にんにく　5かけ
牛乳　1カップ
生クリーム　大さじ1
みそ　大さじ1
オリーブオイル　大さじ4
好みの野菜　適量
（ラディッシュ、紫キャベツ、チコリ、ゆでキャベツ、パプリカ、焼き万願寺唐辛子など）

作り方

1　にんにくは皮をむき、牛乳と一緒に鍋に入れてゆでる。にんにくがやわらかくなったら取り出し、つぶす。
2　別の鍋に1を入れて生クリームを加え、みそを入れて溶き混ぜる。オリーブオイルを入れて火にかけ、ひと煮立ちさせる。
3　生野菜やゆで野菜を用意し、2につけて食べる。

春野菜の玉みそソース（P104）

材料（2人分）

玉みそソース
　白みそ　大さじ3
　酒・みりん・砂糖　各大さじ1
　卵黄　1個分
　米酢　大さじ1～2
ゆで野菜
　スナップえんどう・そら豆　各適量
　クレソン　1束

作り方

1　玉みそソースを作る。小鍋に玉みその材料のうち、白みそ、酒、みりん、砂糖を入れて弱火にかけながら混ぜる。砂糖が溶けたら、卵黄を入れてさらに混ぜ、なめらかになったら火を止めて、米酢を加え混ぜる。
2　スナップえんどうは筋を取ってゆで、そら豆は皮ごとゆでる。クレソンはさっとゆで、3～4㎝長さに切る。
3　2を器に盛りつけ、1をかける

手前みそ造りに挑戦！

もともとみそは、家庭で造ることが多く、「わが家（手前）のみそがいちばんおいしい」と自慢したことから、「手前みそ」という言葉が生まれました。みそは、造り手や熟成させる環境によって微妙に味が違うのです。

造り方は、容器に仕込んで半年〜1年ほど寝かしておくだけ、と意外に簡単。手前みそで、みそ料理の腕を上げましょう！

材料

大豆　1kg

生麹　1kg

塩　500g

種水（大豆の煮汁）　400mℓ

ほかに、5ℓ容量のポリ容器、落とし蓋、重石（1〜1.5kg）、ラップ、新聞紙、ひもを用意する。

1　大豆を煮る

大豆は水洗いして、3倍量の水にひと晩浸す。大きめの鍋に大豆と水を入れ、強火で沸騰させたあと10分ほど弱火で煮たら、水を取り替える。さらに、途中で水を足しながら十分やわらかくなるまで弱火でじっくり煮る。約6〜7時間かかる。

＊圧力鍋や蒸し器を使う方法もある。

2　塩と麹を混ぜる（塩切り麹）

麹を容器にあけ、塩を加えてよく混ぜ合わせ、塩切り麹を作っておく。混ぜるときは両手でもむようにして、麹をポロポロにする。

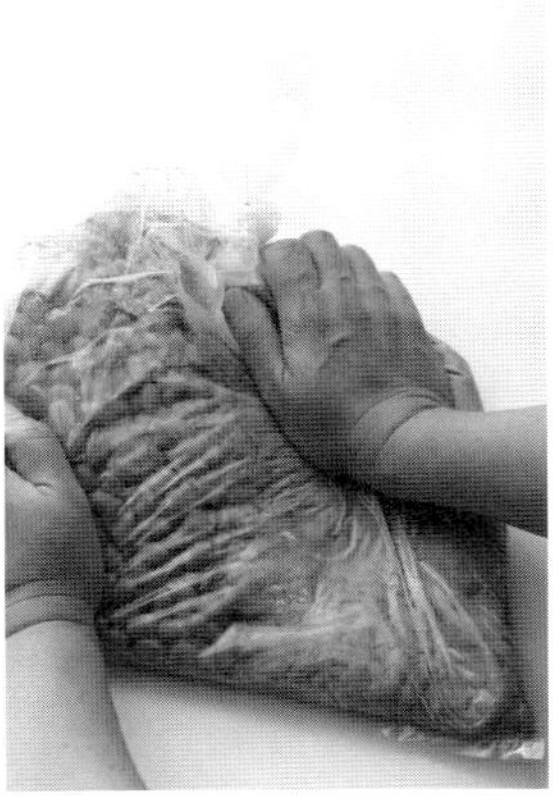

3 大豆をつぶす

煮えた大豆をざるに上げ、煮汁は種水として取っておく。大豆が熱いうちに厚めのポリ袋に入れ、袋の口を結んで閉じ、手のひらで押しつぶす。

4 種水を加える

つぶした大豆をボウルなどの容器に入れ、種水（大豆の煮汁）を入れて混ぜ、やわらかくしておく。

5 塩切り麹と大豆を混ぜる

4の大豆に塩切り麹を加える。両手で練り混ぜるようにしながら、むらなく混ぜ合わせる。

6 仕込容器に詰める

5をひとかたまりずつ、容器の底の角から詰めていく。空気が入らないように押しつけるようにしながら詰め込む。

7 表面を平らにする

全部詰め終わったら、表面を平らにする。容器の口についた汚れは、食用アルコールなどでふき取っておく。

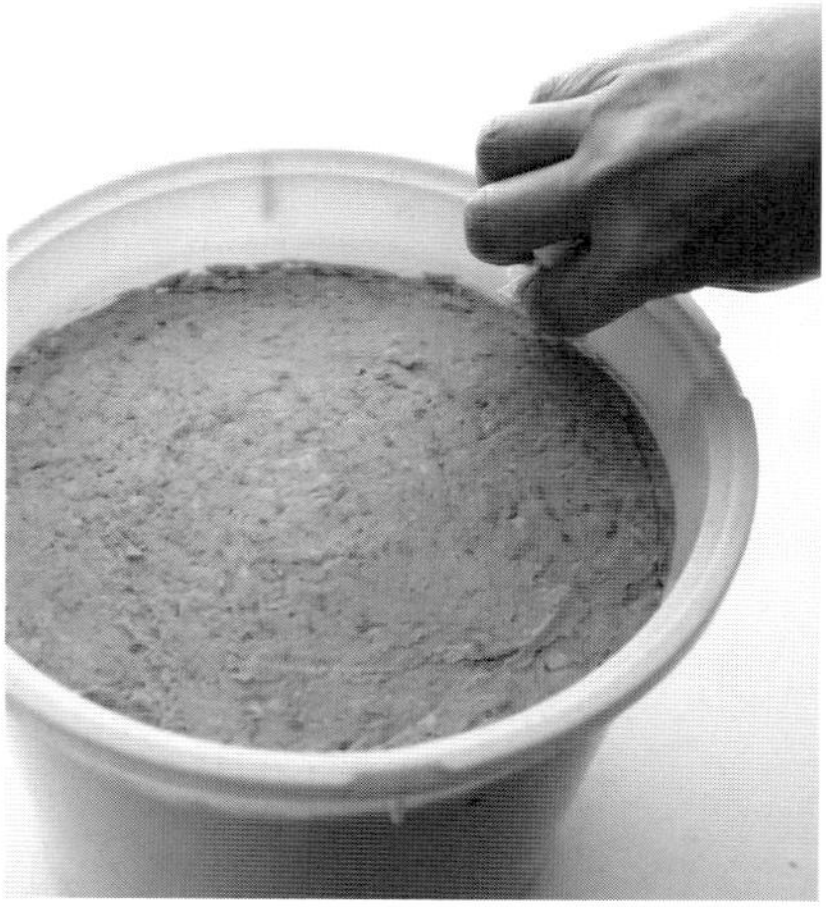

8 落とし蓋と蓋をする

表面にラップをぴっちりと張り、落とし蓋をする。1～1.5kgくらいの重石をかける。

9 紙蓋をし、熟成を待つ

新聞紙などをかぶせて、ひもで結わえる。仕込んだ年月日や材料の分量などを書いたシールを貼っておくとよい。室内の涼しくて直射日光や冷暖房が当たらない場所に置いて、熟成させる。

天地返し

みその仕上がりが均一になるように、食べ始める前に上下を混ぜる「天地返し」をします。目安は、仕込んだあと、発酵したみその匂いがして２～３か月たったころ。寒い時期に仕込んだら５～７月に、暖かい時期に仕込んだら９～10月に行います。

11 上と下のみそを入れ替える

みその上半分と下半分を別々のボウルに取り出す。今度は、上半分のほうから容器に詰めていく。

10 表面の状態を確認する

表面や容器の周囲にカビがついていたら、取り除く。押し蓋に、みそから出た「たまり」がしみ出していても問題ない。

12 表面を平らにし、重石を軽くする

再び表面を平らにし、ラップを張って落とし蓋をし、皿などで軽い重石をする。紙蓋をしてひもで結わえ、１～２か月後から食べ始める。

さらに発酵させたいときは、そのまま室内に置き、発酵を止めたいときは、冷蔵庫に小分けして保存する。

小島喜和

高知県出身。アメリカ、フランスの製菓学校で製菓、製パンを学び、ディプロマを取得。帰国後は料理・菓子研究家として独立。同時に、日本料理や郷土料理への造詣を深める。10年前より自分でみそを仕込むようになり、主宰するクッキングスタジオでも、毎年「お味噌仕込みの会」を開催。著書に『高知のおいしい料理帖』、『和の台所道具 おいしい料理帖』（ともに日東書院本社）、『四季を愉しむ手仕事』（河出書房新社）ほか多数。

HP http://www.kiwakojima.com

デザイン　高市美佳
撮影　寺岡みゆき
構成・編集　山中純子

みそ汁の器協力
くらしのかたち
テーブルギャラリー
高知県高知市葛島1-9-24
TEL 088-882-7030

みそさえあれば。
手早くてシンプル
まいにちおいしい
みそ汁、みそおかず75品

2018年10月15日　初版第1刷発行

著者　小島喜和
編集人　井上祐彦
発行人　穂谷竹俊
発行所　株式会社日東書院本社
〒160-0022
東京都新宿区新宿2-15-14 辰巳ビル
TEL 03-5360-7522（代表）
FAX 03-5360-8951（販売部）
URL http://www.TG-NET.co.jp/
印刷所　三共グラフィック株式会社
製本所　株式会社セイコーバインダリー

定価はカバーに記載してあります。
本書掲載の写真、記事等の無断転載を禁じます。
乱丁・落丁はお取替えいたします。小社販売部までご連絡ください。

Printed in Japan
ISBN978-4-528-02211-9

＊読者のみなさまへ
本書の内容に関するお問い合わせは、
お手紙かメール（info@TG-NET.co.jp）にて承ります。
恐縮ですが、お電話でのお問い合わせは
ご遠慮くださいますようお願い申し上げます。